PREGÓN

SEMANA

SANTA

CVENCA

Ediciones de la Universidad
de Castilla-La Mancha

THEMA: 5HPFH 1DSE-ES-GCA

© de le edición: Ediciones de la Universidad de
   Castilla-La Mancha, 2024
© de los textos: Carlos Julián Martínez Soria, 2023
© de las imágenes y cubierta: José Antonio Perona, 2023
© de las fotografías: Voces de Cuenca, 2023

Colección Ediciones Institucionales, n.º 143

ISBN: 978-84-9044-649-2
D.L.: CU 11-2024

Con la colaboración del Patronato Universitario Cardenal Gil
de Albornoz, Cuenca.

Imprime: Trisorgar

Impreso en España - *Printed in Spain (E.U.)*

PREGÓN

SEMANA
SANTA
CVENCA

CARLOS JULIÁN
MARTÍNEZ SORIA

Sr. Obispo de Cuenca, don José María Yanguas.

Sr. Presidente de la Junta de Cofradías de Semana Santa de Cuenca, querido Jorge, Comisión Ejecutiva y Junta de Diputación.

Sr. Alcalde de Cuenca, amigo Darío.

Sr. Vicepresidente de la Junta de Castilla-La Mancha.

Sr. Rector Magnífico de la Universidad de Castilla-La Mancha, querido Julián, y autoridades académicas.

Dignísimas autoridades, civiles, militares y eclesiásticas.

Representantes de la sociedad civil y empresarial.

Compañeras y compañeros, amigos, familia…

¡Nazarenas y nazarenos de Cuenca!

Parafraseando el comienzo de la novela de Pablo Tusset: «lo mejor que le puede pasar a un cruasán es que lo unten de mantequilla», yo hoy puedo afirmar, que lo mejor que le puede pasar a un nazareno de Cuenca es ¡pregonar su Semana Santa! Y hacerlo, como yo hoy aquí, lleno de orgullo y de agradecimiento.

Los que me conocéis, sabéis el grado de compromiso y empeño que me invaden, solo parejo a la felicidad que me colma el ser consciente de que, en este empeño, no sois pocos los amigos y nazarenos que viviréis conmigo los recuerdos, las vivencias análogas, los sentimientos más íntimos y las imágenes más bellas.

Hasta llegar aquí, como os sucederá a muchos de vosotros, son también múltiples los recuerdos que se agolpan en mi cabeza, y que luchan por no salir a borbotones de entre mis palabras: son vivencias de la infancia, en las que me perdía entre un bosque de túnicas amarillas y capuces granates, buscando a mis hermanos cerca del pilón de la fuente de la Plaza Mayor, punto de encuentro convenido para entregarles el anhelado bocadillo del descanso, en la estación de penitencia de aquella procesión de las once... Es la mirada de aquel chaval bajo el hábito blanco y la cruz negra sobre el pecho, admirando la belleza del cadencioso bamboleo del grupo del Beso de Judas por las entonces empedradas calles de la ciudad alta de Cuenca...

Acompañar al Cristo de la Agonía o al Prendimiento con el rostro cubierto por el capuz, en silencio y sin prisa, me llevó a admirar la labor de las tallas de las imágenes, el minucioso acabado de sus policromías, los detalles desvelados por las luces y sus sombras, el trabajo laborioso en la madera y las forjas de sus andas, los adornos florales... Y también aprendí a escuchar, y leer en los rostros de las personas que contemplaban los desfiles, los sentimientos que escapaban de esos ojos, las bocas entreabiertas, las manos al abrigo..., y la certeza de pertenecer codo con codo, a la única y singular Semana Santa de Cuenca.

He tenido la inmensa fortuna de poder acariciar con la vista, y casi escuchar con el corazón, las oraciones que se elevan desde esas miradas bajo el capuz, bajo el banzo, buscando los ojos de Nuestro Padre Jesús o la dulce expresión de María, quienes en su dolor nos devuelven por una milésima de segundo la Luz de su misericordia, y ahí sí... ¡Y más de uno me entenderéis...!, sientes el corazón traspasado, reconciliado con la vida, y feliz.

Es ese sentimiento de pertenecer a una hermandad, a una devoción, a una misma fe; a un sentimiento tan particular como universal, tan propio como común al de tantos como nos precedieron y, sin duda, nos sucederán.

Es aquí cuando se nos hacen más presentes que nunca nuestros recuerdos más íntimos: esos que nos hacen sentir nuestra Semana Santa como ese momento del año que vivimos como el más propio, avivando las emociones que se despiertan con los olores de los platos más típicos al cocinarse en los fogones de la madre; en los vapores de la plancha que repasan una y otra vez las túnicas y los capuces; la cera quemada en las tulipas; o quizás ya solo nos queda el recuerdo de lo que fue, y ahora son cosas que otras personas y otros negocios, ya hacen para nuestra comodidad, porque las sociedades avanzan, y nosotros y nuestras tradiciones, con ellas…

Sí, es inevitable que se nos escape a todos una sonrisa al traer aquí cuestiones tan prosaicas, por cotidianas…, pero no dejan de ser parte misma de la esencia sincera de esta celebración.

Estos sentimientos, de puro universales, están presentes en cualquier nazareno que viva la Semana Santa de su pueblo o ciudad, por pequeña o monumental que esta sea.

De mi periplo personal con la Semana Santa, también he de decir, me ha gustado viajar y conocer otras celebraciones, en otros pueblos, otras ciudades…, porque soy de los que cree que solo el conocimiento y la experiencia directa de estas vivencias, incorporan la madurez y el saber, como aportes críticos para profundizar en una mayor y más objetiva comprensión de lo que llega a suponer, en este caso concreto, la celebración de la Semana Santa, en sus más variadas manifestaciones.

Con todo, es tan maravillosa esta expresión de la religiosidad, donde cultura, tradición, fe, arte y sentimientos se unifican en torno a la devoción particular, que por momentos me parece sentir que poco sé, y que me queda aún mucho por descubrir, ¡y por aprender!

A día de hoy me continúan admirando las devociones particulares de las personas, ante las advocaciones —y las imágenes— de su fervor religioso más íntimo y personal. De qué manera, bien sea por tradición familiar o bien por elección propia, nos acercamos puntualmente a los pies de nuestra imagen devocional, y allí —con la boca callada— desgranamos el rosario en una oración interior, que se eleva en dirección a la fe que profesamos, para encontrarnos con Dios en la oración, en la súplica o en el agradecimiento, en el recuerdo a nuestros familiares o en la alegría por lo que ellos nos enseñaron y transmitieron.

De este modo nos igualamos en la misma fe con tantos y tantas hermanas, de aquí y de allá, del Sur y de la meseta castellana, del Sureste levantino y de las celebraciones más ancestrales del Alto Aragón…, por citar solo algunos ejemplos de lo que constituye por derecho, una celebración llena de Patrimonio, Historia, Arte, Cultura y, desde luego, Fe en Cristo Dios.

¿Cómo no sentirse identificado con Nuestro Señor Cautivo, de Medinaceli, cuando se enseñorea majestuoso por las procesiones de España? Imposible no evocar el armonioso morado —o blanco— de su túnica, cabello al aire, a cuestas de sus no menos orgullosos portadores y la legión de hermanos que lo acompañan…

¿Cómo no sentirse herido por el mensaje del ángel que revela en la noche, en el huerto de los olivos, su anuncio de Pasión, contemplando los ojos del Señor que nos hablan hasta con el mínimo gesto de sus preciosas manos, rodilla en tierra aceptando el suplicio para nuestra Redención?

Nuestro Jesús, Nazareno, con la cruz a cuestas, que nos pone por ejemplo de lo que, como cristianos, nos corresponde en la tierra: asumir nuestra cruz, llevarla como Él lo hizo camino del Gólgota, porque esta es la senda señalada para alcanzar la Gloria de la Salvación.

Y en ese camino, siempre detrás, amor traspasado por el dolor, la Madre: Mediadora, Intercesora, ejemplo a imitar, espejo en el que procurar reflejarse y, también, conmoverse… porque no hay palabra que defina el dolor de una madre —o de un padre— ante la pérdida siempre cruel, de un hijo.

Como no podría ser de otra manera, todos los desfiles procesionales de España cuentan con sus imágenes de Nazarenos con la cruz a cuestas, de Vírgenes Dolorosas en sus más variadas advocaciones y denominaciones, de Oraciones del huerto, Cautivos, Yacentes, Resucitados y Entradas triunfales de Jesús a lomos de la borriquilla… o «pollinica», como también gustan de llamar en algunos lugares, al asno que nos relatan los evangelios.

Pero ahora estoy aquí para anunciar el inicio de la Semana Santa de Cuenca de este año 2023. Y es la nuestra una Pasión que no palidece ante otras ni por razón de su antigüedad, ni de su imaginería, ni de su patrimonio, ni de sus tradiciones. Antes bien al contrario, puedo afirmar esta noche que es la nuestra una de las celebraciones pasionales más auténticas, más originales y personales, que conozco; de una calidad incontestable entre cuantas discurren por nuestra geografía en la actualidad.

En Cuenca confluyeron las voluntades de nuestros antepasados nazarenos y el arte de nuestros, justamente, más valorados artistas imagineros.

A los consagrados nombres de Luis Marco Pérez, Coullaut-Valera, Leonardo Martínez Bueno o José Capuz, hemos sabido sumar y allegar el genio creador de Octavio Vicent, Hernández Navarro, Vicente Marín, Dubé de Luque o López del Espino, ¡y hasta una artista imaginera, María Alonso López!... y aún nos quedan por desvelar otras incógnitas sobre este patrimonio artístico… y digo con exactitud, porque Patrimonio, con mayúsculas, y Arte, es lo que inundará nuestras calles los próximos días, en esta ciudad que se transforma y muda, queriendo vestirse y engalanarse con riadas de colores de túnicas y capuces, iluminando con la luz de las velas las primeras noches de la recién estrenada primavera, y elevando por las empinadas calles de la ciudad las emociones contenidas: ecos del *Miserere de Cuenca* como el que hace unos minutos ha prendido nuestro corazón en este mismo Auditorio… evocaciones de tantos otros entonados en compañía de nuestros amigos y hermanos, que nos identifica, singulariza y enorgullece.

Llegados a este punto, cabe preguntarse:
¿qué es para este pregonero la Semana Santa
de Cuenca?

Es —son— desde luego, muchas cosas,
que intentaré desglosar progresivamente, en la
confianza de que parte de estos sentimientos
personales podrán ir acomodándose de manera
natural entre vuestros sentimientos, compartiendo experiencias, e incluso, advirtiendo detalles que posiblemente quedaron latentes en
ese espacio difuso e íntimo del alma humana.

La Semana Santa podría ser —*grosso
modo*— el relato de la Pasión de Jesús, conforme a los evangelios y a la tradición católica,
llevada a la calle en representaciones figurativas,
en desfiles procesionales organizados por Hermandades y Cofradías de origen en común religioso y laico; que tradicionalmente se hicieron
más asiduas y frecuentes a partir del Concilio
de Trento, en la segunda mitad del siglo XVI,
como respuesta evangelizadora a la reforma de
la Iglesia Protestante, mostrando una Iglesia
Católica triunfal; con representaciones imagineras figurativas de carácter evangelizador
y moralizante, y proclamando la Penitencia
(materializada así mismo en estos desfiles)
como una vía de consecución de la promesa
de Redención de los pecados y la Fe en la
Resurrección y la Vida Eterna.

Soy consciente de que esta no sea, quizás, la definición más canónica de lo que supone la celebración de la Semana Santa para la Iglesia, pero con estas palabras solo pretendo significar lo que supone, entre otras cosas, para mí.

Desde que el Domingo de Ramos la Borriquilla traspone las puertas de la iglesia de San Andrés, asistimos al inicio de la Semana de Pasión: representa la Entrada Triunfal de Jesús en Jerusalén, ese momento que recogen los cuatro evangelistas (Mt 21,1-11; Mc 11,1-11; Lc 19,25-40; Jn 12,12-29), anuncio de la promesa de Salvación, mensaje de alegría y de esperanza: compromiso con la

EDUCACIÓN

INTEGRAL

EN LA FE

que compartimos.

Júbilo manifestado

en el batir al aire

de palmas y ramas de olivo,

que acompañan a nuestras

veneradas imágenes en su ascenso

glorioso hasta la Plaza Mayor,

repleta de ilusión indisimulada, de

encuentros y reencuentros, de luz

inflamada en las blanquísimas túnicas de

banceros y nazarenos, proclamando su particular

«Hosanna al Hijo de David. ¡Bendito el que

viene en nombre del Señor!», y

celebrando así mismo en este

año su flamante aniversario

como Hermandad.

Los días se sucederán,
y con ellos se afirmará nuestra
CREENCIA EN
Dios como
Ser Supremo,
revelado finalmente
el siguiente Domingo de
Resurrección, triunfante también
—pero ya sobre la Muerte—,
en esa promesa cumplida
de Redención y
Vida Eterna,
esa otra mañana de domingo igualmente
marcada por encuentros y más reencuentros,
de repique de campanas y algarabía de una ciudad, Cuenca,
que habrá cumplido un año más su compromiso, basado
en la Fe, la Tradición y la Cultura, con sus nazarenos gozo-
sos, rostros descubiertos, banceros de Nuestro Padre Jesús
Resucitado elevado a su categoría sublime, satisfechos por
la «misión cumplida»
para quienes
CREEMOS
EN la Vida;
y también felices
por haber vuelto a cerrar
un ciclo que, detrás de sí,
renace con la mirada
puesta ya en la
que será la
próxima celebración
de nuestra Semana Santa.

Pero antes habremos cumplido con esa parte del discurso teológico que se corresponde con los orígenes de estas celebraciones procesionales, porque eso es también lo que sucede cuando, por ejemplo, asistimos al desfile cadencioso y ajustado de nuestro querido y siempre anhelado paso de la Santa Cena: institución del sagrado sacramento de la Eucaristía, pura belleza contenida en los diálogos de miradas de los concurrentes en torno a la mesa, y en sus gestos atrapados en la confusión del anuncio de la traición…

y también
expresión
de la
VOCACIÓN DE
SERVICIO
DE ESTA IGLESIA,

que bien ejemplifican de igual modo cualquiera de las imágenes de nuestros Ecce-Homo conquenses: Servicio a la Voluntad del Creador, **SERVICIO**
AL
PRÓJIMO,
al hermano…
Servicio a la Fe,
aceptación de esta promesa:
poderosas manos cruzadas sobre
el pecho, tierna mirada en expresión
de súplica y obediencia,
dolor evidente en la
boca entreabierta,
corona de espinas
que mortifica la sagrada frente…
Ecce-Homo de San Gil,
gigante epítome de la resignación, aceptación cristiana de la voluntad del Creador.

Creencia en el Servicio que en todos los aspectos, como hermandad y como devoción, supone igualmente la más joven y reciente aportación a esta tradición centenaria en la ciudad, pero que demuestra su compromiso con ella, con Cuenca y con su Semana Santa, evidenciando que está viva —¡muy viva!— y que aún nos quedan argumentos para encontrarnos en la fe universal en Dios: procesión del Duelo, con nuestra Señora de los Dolores y las Santas Marías, hermoso sentimiento de fe en el anochecer de la Vigilia Pascual, de la Luz, simbolizado en el Cirio Pascual prendido, mensaje nuclear también en el maravilloso cartel anunciador de nuestra celebración en este mismo año…

«porque la Vida de los que en ti
creemos, Señor, no termina,
se transforma»
(Nuevo Misal del Vaticano II,
prefacio I de difuntos),

porque el Padre siempre estará atento y sensible al sentir de su creación, y estas santas mujeres alargan sus pasos tras la senda del Redentor, atentas al cumplimiento de la promesa del Tercer Día, en la noche del Sábado Santo.

Compromiso con nuestro prójimo que aprendemos si seguimos la senda de Jesús, lección que nos enseña Nuestro Padre Jesús Orando en el Huerto: «¡Padre, si quieres, aparta de mí este cáliz! Sin embargo, no se haga mi voluntad, sino la tuya.» (Lc 22,42), oración al Padre, gruesas gotas de sangre sobre el rostro, brazos desplegados hacia las rodillas hundidas en la tierra del olivar; Gloria en la aceptación del supremo mandato, humildad y obediencia, humanidad extrema hasta en el sueño de los apóstoles que en la noche lo acompañan… Huerto de San Esteban que irrumpe en el atardecer del Miércoles Santo para hablarnos de ese Silencio callado que resulta un clamor ante la magnitud del sacrificio por llegar; belleza en las imágenes que comparten sentido y significado con la homónima y antiquísima hermandad que cada Jueves Santo cruza su puente de San Antón para no perderse ni la luz de la tarde ni el ocaso del anochecer en su penitente discurrir por las calles de nuestro callejero conquense, que pareciera querer evocar la distante —pero a la vez cercana en el sentir— ciudad hebrea de Jerusalén; imágenes de oración en diálogo interior, expresión de la divinidad en el gesto del ángel que eleva el cáliz, grandeza en la contención del rostro de amor de Nuestro Padre Jesús: amor por el prójimo, sentido puro de la definición de Hermandad.

Significado que también conviene a la misma expresión del arrepentimiento recogido en las lágrimas desprendidas del apóstol Pedro, tras el repetido canto del gallo, y la negación hasta por tres veces del sucesor de Jesús en la cátedra: aprendizaje, enseñanza, dolor, perdón, contrición, … esencias de nuestras creencias, valores que mantener y perpetuar: inevitable ignorarlos tras contemplar nuestra Negación de San Pedro, fuerte en la sensibilidad del apóstol, inmensa en la enseñanza que predica y ejemplifica, imprescindible reconocimiento al valor cristiano del arrepentimiento, y gozo en la recompensa del proclamado perdón divino.

Valores que igualmente se enaltecen en esa bella imagen de María de Magdala, elegida no sin causa, como la primera mujer que gozó de la contemplación del Resucitado: Magdalena en la noche del Perdón, fidelidad inalienable tras los pasos de Jesús.

La expresión de nuestra Fe también es, en esta ayuda al prójimo, la ayuda al desfavorecido, al afligido, al necesitado… Auxilio en la Caída de Nuestro Padre Jesús, Camino del Calvario, aquí bellamente ejecutada por la mano de nuestro artista de origen murciano, Hernández Navarro, personalidad que ha reflejado la impronta de su sereno y depurado sentir religioso en este logrado conjunto que emociona por la belleza del rostro del Nazareno en consonancia con el porte turbador del Cirineo y la versátil gracia del pequeño Rufo, en evidente recurso literario que aquí el artista ejecutó con una elocuencia sobresaliente.

Aunque, ¡claro está!, no hay muestra mayor de amor al prójimo que el sacrificio del Hijo de Dios para Redención de la misma Humanidad: Cristo Yacente, Dios hecho Hombre, ultrajado y crucificado como un ladrón; muerto en su humanidad, Eterno en su grandeza y divinidad, solemne e imponente en su lecho, respeto y duelo ante su paso sigiloso… Yacente del Cabildo de Caballeros y Escuderos de Cuenca que tallara el maestro Marco Pérez, patrimonio artístico que no solo no palidece en parangón con sus homónimos de los grandes museos y desfiles procesionales castellanos, sino antes bien, proclama una vez más la calidad extrema de las obras talladas y expuestas en los templos y la Semana Santa de nuestra capital.

La　Semana Santa es esta

CREENCIA

EN

UN

SER SUPREMO,

llevada a las calles como una forma
más de catequizar y promover la devoción popular.

Parece, por todo lo antedicho, que solo es Semana Santa lo que sucede en las calles, y entre los muros de nuestros afectos; pero qué duda ofrece: Semana Santa también es —también son— todos los actos de culto religioso con los que la Iglesia conmemora y rememora la que cabe considerar como la Semana Mayor para los católicos.

De entre todos ellos, y con absoluta importancia, la celebración del Triduo Pascual, con la instauración de la Eucaristía, la adoración de la Cruz y la Vigilia Pascual, previa a la Resurrección de Jesús.

Pregón Pascual, antiquísimo himno del *Exultet*, que nos anuncia que

«Esta es la noche
en la que por toda la tierra,
los que confiesan su fe en Cristo,
son arrancados
de los vicios de este mundo
y de la oscuridad del pecado,
son restituidos a la gracia
y son agregados a los santos».

Amén.

La Semana Santa de Cuenca también es Historia de la ciudad, es parte de su cultura intrínseca, de sus tradiciones, de su distintiva personalidad.

Sobre los orígenes de la Semana Santa de Cuenca, por fortuna, ya se ha escrito a partir de las investigaciones de buenos amigos y compañeros —todos maestros de los que aprender siempre—, y aunque todavía quedan y quedarán cosas por decir, desde hace años ubicamos los desfiles procesionales de Cuenca en el siglo XVI, generalizándose y conformándose en plenitud desde finales de ese siglo y durante los siguientes centurias (con especial atención al siglo XVIII); y desarrollándose según los avatares y circunstancias de esta ciudad castellana, hasta los mismos albores del siglo XX, que resulta trascendental para la configuración de esta celebración tal y como la conocemos hoy en día, con el vórtice en los tristes acontecimientos acaecidos en la Guerra Civil, que suponen un antes y un después, con la renovación prácticamente completa del patrimonio imaginero, y la reconstrucción de los desfiles procesionales; tarea esta que dicho así, parece cosa de poca importancia, pero que con la perspectiva que cada vez más nos ofrece el inexorable paso del tiempo, se impone como una labor titánica en un tiempo prácticamente récord: nuevas tallas que revitalizaron las hermandades existentes; imaginería de encargo también para las nuevas hermandades que van sumándose a los nuevos días de desfiles procesionales; recuperación de desfiles; incorporación de nuevos grupos y segundos pasos a varias de nuestras hermandades; renovación y sustitución de unas tallas por otras... Adaptación de estatutos al Derecho canónico, a los nuevos tiempos, NUEVOS USOS DE UNA SOCIEDAD EN CONSTANTE EVOLUCIÓN Y TRANSFORMACIÓN...

Todo esto no fue, no ha sido posible, no lo es aún... sin el esfuerzo, trabajo y tesón de tantas y tantos nazarenos, fieles, creyentes, instituciones civiles (públicas y privadas), y personas de toda naturaleza y condición. Es justo reconocerlo, y como nazareno conquense, quiero agradecer a todas estas generaciones, personas al fin y al cabo, el trabajo y amor heredados de esa tradición secular, que han hecho de la Semana Santa de Cuenca una de las celebraciones pasionistas de este país, más importantes y reconocidas, y que no en balde obtuvo la distinción de Declaración de Interés Turístico Internacional allá por el año 1980, al mismo tiempo que la obtuvieron otras celebraciones iguales como fueron las de Sevilla, Málaga y Valladolid, y alardear de semejante nombramiento, que vino a honrar el trabajo edificado por la devoción y la tradición nazarena de esta capital.

No fue ajena a esta Declaración de Internacionalidad la misma configuración urbana y paisajística de la ciudad de Cuenca.

Otros antes que yo ya han glosado, con arte y poesía propias, la maravilla que suponen los desfiles procesionales por las calles de esta ciudad Patrimonio de la Humanidad, en sus recorridos hacia la estación de penitencia ante la catedral, trenzando sendas de luces y de colores, de músicas y de cantos corales; de estampas de arte que se ensamblan y entrelazan con una naturalidad y armonía que por momentos parecen hechas la una para la otra… o también quizás, imposible imaginar esos espacios, placetas, curvas y rincones sin el recuerdo de nuestros pasos procesionales por ellas, sobre ellas, contra ellas; providencialmente surgidos para ellos, en esa necesaria adaptación del Arte a su espacio, como si inventáramos una muy particular «Ley del Marco» continuando la que en su día teorizó el profesor Henry Focillon: porque solo así explicamos los recorridos —y los *no recorridos*— de pasos e imágenes por algunas de nuestras más angostas y bellas calles.

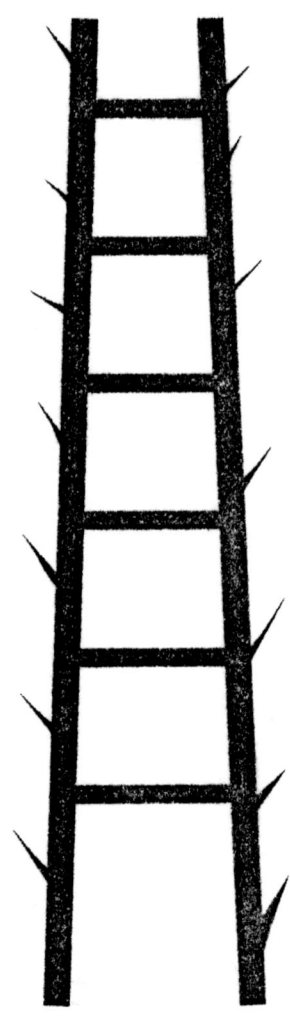

¿Cómo no pasear por la calle del Peso y volar con el recuerdo de nuestros pasos doblando sus esquinas, avanzando por ella? ¿Quién no rememora nuestro San Pedro descendiendo con nobleza y pundonor por su calle, camino del encuentro con su procesión, atenta a su llegada en la Plaza Mayor? Capas de hermanos ondeando en la noche del Silencio, cirios en las manos iluminando la noche de su personal Getsemaní; descenso abriendo un cortejo ante las pupilas bien atentas a cada detalle, cada gesto del apóstol: rostro indulgente del Maestro, ojos de incredulidad en el soldado, blanca túnica a la luz de la antorcha que resplandece con la elocuencia de uno de los conjuntos escultóricos más potentes y mejor obtenidos de la gubia de nuestro eterno Marco Pérez, a quien seguiremos siempre añorando y homenajeando tras estos cuarenta años cumplidos desde que nos dejara en esta vida.

Imborrable estampa la de nuestro amado Padre Jesús con la Caña: clámide balanceándose al suave paso de sus portadores, recreándose en la brisa del atardecer sobre el río Júcar, la puente de San Antón… Misericordioso Jesús maniatado, ungido para el escarnio por quienes con su dolor, lo convirtieron en REY DE REYES, y modelo de imitación para quienes sufren por culpa de la incomprensión y de la iniquidad, porque su triunfo se pondera ya en la belleza del gesto, de las manos, de la talla total salida del genio creador del maestro Coullaut-Valera Mendigutia.

Y siempre, por donde quiera que camine con su muy particular andar, nuestro Nazareno de José Capuz, obra maestra que se encuentra entre lo más selecto de la producción del escultor valenciano, y constituye una de las cúspides artísticas de nuestra semana de Pasión, tanto por la calidad de la misma, como por la conjunción en el Señor del más puro significado evangélico del Nazareno con su cruz a cuestas: yugo alrededor del cuello, solo frente a su destino, seguro y firme en el fin perseguido, caminar empedrado con la certidumbre de la Fe, y la promesa de Vida Eterna.

Calles y paseos de Cuenca que estos días nuestros pies emprenden siguiendo la senda del santuario de Nuestra Señora de las Angustias, para inclinarnos ante la Patrona de la diócesis, y para cumplir con algunas de las tradiciones más propias y hermosas de nuestra celebración, tanto en los días de su Novena, como esta misma tarde en la que pronuncio estas palabras… o como igualmente lo será el próximo Viernes Santo, para acompañar a la Madre en su aflicción.

Tradición esta misma del pregonero y su pregón, en la que tantos y tan brillantes escritores, poetas, religiosos, periodistas, profesores, historiadores… nazarenas y nazarenos de Cuenca, al fin y al cabo, me han precedido en el inmerecido privilegio de anunciar al mundo y a la ciudad, las grandezas de la Semana Santa de Cuenca, dando inicio con ello a una sucesión de puertas de templos y capillas, de casas y habitaciones, que se abrirán para proclamar que esta es, por Tradición y Cultura, la celebración por excelencia de esta ciudad.

Y continuando: ¿qué es, además, para mí, la Semana Santa de Cuenca? Pues los que me conocéis, ya lo sabéis, y lo podéis intuir… La Semana Santa es arte, pero **ARTE** con mayúsculas.

Es arte por los escultores/imagineros que con su genio creador y el de los nazarenos de Cuenca, de cada época, han sabido construir un Patrimonio, edificado desde el mismo año 1940 hasta prácticamente antes de ayer… Y no solo imagineros: músicos, compositores, orfebres, bordadoras, artistas florales, iluminadores, restauradores, … y cada uno —a partir de su saber y su dedicación—, han conjugado un abanico de experiencias visuales y sonoras, que reclaman la atención del espectador más profano, y subliman el espíritu del público más atento y acostumbrado a este tipo de manifestaciones religiosas.

Para fortuna de nuestra Semana, el genio creador del conquense Luis Marco Pérez inunda los desfiles procesionales, homogeneizando de una manera especial la estética de las escenas evangélicas, con la belleza propia de su estilo no ajeno a las influencias de los grandes maestros del Barroco español, como Salzillo o Gregorio Fernández. A la cualificación técnica de sus ejecuciones se suman los estudios anatómicos perfectos, la belleza contenida en los rostros, expresiones y gestos atravesados por el dolor físico y los padecimientos del alma, siempre en conjunción y diálogo íntimo cuando se superponen en conjuntos y grupos que sin apenas mirarse, nos lo dicen todo: elocuencia que va siempre *un poquito más allá*, en la búsqueda de la introspección psicológica de los protagonistas representados, ante el momento crítico que enfrentan en su historia sagrada.

San Juan Bautista nos proclama con su brazo extendido, índice elevado al cielo, la inminente llegada del profetizado Mesías, en un estudio anatómico en el que las luces parecen querer rivalizar con las sombras, dando protagonismo a cada pliegue, cada arruga, cada vellón del preconizado Cordero de Dios; escultura en sí que es un modelo ejemplar de la mejor factura del escultor de Fuentelespino de Moya.

Y si este San Juan es el ejemplo de la madurez y de la tipología castellanas, la imagen del amado discípulo, el evangelista Juan, supone la quintaesencia de la belleza juvenil: ideal sensibilidad de los gestos, del ceño en la mirada en pos del Señor; destello de elegancia vertical en su vibrante trono de águilas y querubines.

Sin agotar el catálogo de Marco Pérez, imposible no enmudecer ante ese conjunto imponente de reminiscencias miguelangelescas: Nuestra Señora de las Angustias. Todo aquí es emoción, es gracia, es amor en cada uno de los gestos de la Madre; es perfección materializada en el volumen y la armonía del cuerpo sin vida del Redentor, recogido de vuelta en el seno materno, al pie de la cruz; contención en el brazo que interpela al espectador ante el dolor insoportable por la pérdida del Hijo…

Ese Hijo que un día antes habrá desfilado maniatado a la columna, flagelado por un iracundo sayón, que no se detendrá hasta imponerle al Cristo el castigo cruel: aceptación del suplicio en el gesto de las manos, en la mirada pacífica, en el dolor que se escapa de entre los labios en una oración al Padre Eterno; y aún así, es un Jesús triunfante ante el dolor, Poderoso ante el sacrificio, Hombre para la Humanidad…, que fácilmente empatizará con este reflejo de la divinidad que Marco Pérez representó aquí, para Cuenca, con lo más característico de su genio.

El Arte alcanza en nuestra Semana Santa auténticos seísmos de belleza, envueltos en mares de sentimientos y olas de expresividad que aprovechan las más variadas expresiones religiosas para elevarnos como trapecistas en constante equilibrio entre el vibrar del arte de reminiscencias más clásicas, hasta aquellos otros de gestos tan contemporáneos como arrebatadores.

Así se explica ese vendaval que supone nuestro Ecce-Homo de San Miguel en la calle, arrasando con todas las miradas, atentos a cada sombra que da vida a sus ojos, movimiento a su púrpura capa, dolor intenso en cada una de las espinas que se hunden en su memoria, y en nuestros sentimientos; en ese gesto monumental de brazos y manos, que hacen exhalar suspiros de devoción, y de respetuosa admiración por el genio creador de Coullaut-Valera, que aún nos obsequiará con el que no puedo dejar de considerar el

Crucificado más hermoso, no ya de nuestra Semana Santa, sino de tantas y tan variadas como he disfrutado: Cristo de la Agonía, que aquí solo encuentra parangón con el no menos divino Cristo de la Luz.

Agonía en su último suspiro, palabras que ya no brotan de su divina boca, sino que se alzan en oración desde sus ojos hacia el Padre; Agonía de oro y grana, angustia en el gesto de la Madre y su recién heredado hijo, discípulo amado… testigos junto a nosotros del final que, indudablemente, llega.

Stabat Mater dolorosa.
Justa crucem lacrimosa,
Dum pendebat filius.

Estaba la Madre, dolorosa
junto a la cruz, llorosa,
en la que pendía su Hijo.

Y tras el último suspiro, el silencio, la Luz: reflejos del mediodía en la cruz de los espejos, resplandeciente cuerpo ya sin vida, atravesado por la lanza, derramando misericordia por cada una de sus heridas abiertas; inclinado el Santo Rostro en el momento evangélico en el que se desgarró el velo del templo y se abrieron las puertas del Padre para recibir el sacrificio del Hijo Amado.

Esta talla de Jesús en la cruz, que en cierta medida nos recrea esa otra escultura, en su versión reducida de la tarde del Jueves Santo, de Paz y Caridad, homenajeando a la Archicofradía centenaria, y a aquella imagen que tantas veces acompañara las lágrimas de afligidos y penados: *Cristillo* a hombros de nazarenos felices con el camino emprendido: ¡bendita promesa de futuro de la Semana Santa de Cuenca! Testigos en este presente de una tradición heredada a golpe de horquillas y de tulipas.

Hay cosas que hacemos bien, muy bien diría yo, con respecto al patrimonio de nuestra Semana Santa. Entre mis recuerdos más entrañables, aquellas conversaciones con el maestro Dubé de Luque, en su taller, en las sobremesas sevillanas, que ahora cada Martes Santo rememoro al contemplar en esa concha suspendida en el silencio del aire, la mano que concita a la conversión en la noche primaveral: necesaria pausa y reflexión serena, es Cristo arrodillado que cruza sus manos ante el pecho, reminiscencias del mejor clasicismo de la barroca escuela de imaginería bordada en la mismísima calle Alfarería, auténtica obra de arte en cada uno de sus detalles, del ensortijamiento febril de cada mechón de cabello, de cada vellón de la vestimenta del Bautista, enriquecidos hasta el extremo por esa labor de filigrana que componen sus andas y sus ya característicos adornos florales. Hermosa conjunción de artes en una hermandad nacida en nuestra universidad, vinculada a la academia, y maestra ella misma de la asignatura del Buen Hacer: el Bautismo de Nuestro Señor.

Arte que no solo sale de las gubias y de los injustamente olvidados policromadores y restauradores. También del tradicional y renovado arte del cosido y del bordado, en elaborados diseños de un preciosismo no necesariamente obligado al abigarramiento, sino al equilibrio y belleza del conjunto del dibujo; en armonía de motivos florales, simetrías o asimetrías, orden y proporción envueltos en tradición, pero también en constante renovación y estudio de actualidad.

A los bordados siempre presentes de nuestra añorada Encarnación Román, otros muchos se han unido en calidad a sus propósitos, todos ellos con el mismo deseo de engalanar de forma digna, y generosa, nuestros desfiles: mantos, vestidos, sayas, guiones, estandartes, palios y gualdrapas, cordones y rosarios, túnicas y capas… A Encarnación Román y Eva María Gómez unimos los nombres de Carrasquilla y Charo Bernardino, de Jesús Rosado y Eduardo Ladrón de Guevara, las Madres Esclavas del Santísimo y el Taller de Bordado San Julián, el taller de Nuestra Señora de la Esperanza, y el tesón de tantas y tan abnegadas manos: horas de arte en cada pespunte, en cada golpe de vista, que a día de hoy supone una de las señas de identidad más propias de nuestras procesiones, por nuestra singular manera de concebir la puesta en andas de nuestros pasos, y la forma de desfilar en las calles.

Ejemplo de ello, y de otras cosas, hace gala nuestra preciosa conversación entre San Juan y la Virgen de la Amargura, en la noche del Miércoles Santo: azules sus hermanos, escoltan el inmaculado corazón de María, en ese camino de la Amargura, acompasada con el apóstol, sobrepasados ambos en su gesto de aflicción y de compasión, testigos tras las lágrimas de una noche que derrama en el ambiente los presagios del suplicio por llegar del Hijo de Dios. En este bello conjunto tenemos presentes las tallas extraordinarias, las ricas vestimentas y su hermosa forma de lucirlas sobre ellas, el conjunto de la orfebrería que se empareja con el relucir de bordados y velas; y también, adornos florales que vienen a completar ese concepto de «escena total» tan propio de un paso de semana santa, donde todo confluye para mayor gloria del mensaje evangélico que nos ilumina.

Como acompañamiento cada vez más indisociable de los desfiles: la música, las marchas procesionales. Inspiración artística a partir de siete notas, de recursos de percusión y viento, de metal y madera, que de forma creciente vienen embelleciendo prácticamente todos nuestros cortejos.

A las marchas procesionales adaptadas de las conocidas marchas fúnebres de Chopin o Beethoven, se unieron lo que hoy son grandes clásicos en nuestros desfiles: «Nuestro Padre Jesús», de Emilio Cebrián; «Mater Mea» o «Cordero de Dios», de Ricardo Dorado; «Mektub», de Mariano San Miguel; y hasta la reversionada «Saeta», de Joan Manuel Serrat, que compusiera sobre el conocido poema de Antonio Machado.

Este patrimonio lo hemos enriquecido con la incorporación de otros nombres ya consagrados, y sus marchas procesionales. Por citar solo tres: Abel Moreno, Font de Anta o el clásico López Farfán.

Y con ellos, nuestros músicos, los que han interpretado nuestros pasos, los que han imprimido su sentimiento en cada golpe de horquilla, en cada arranque de hombros, vistiendo el penitente caminar de banceros y filas nazarenas. Hace escasamente unos meses nos dejaba el maestro Aurelio Fernández-Cabrera, quien tantas veces acompañó estos desfiles junto a nuestra querida Banda de Música de Cuenca, y que nos ha legado una enormidad de recuerdos musicales en la perenne forma de sus bellas partituras, como «Corona de Espinas» o «Las cruces de La Merced», por traer aquí solo un par de las de su espectacular catálogo artístico.

Nómina de Maestros como José López Calvo, Julián Aguirre o Juan Carlos Aguilar, y también compositores de la altura de José Luis Torijano, Manuel Millán o Pedro José García Hidalgo, a mero título enunciativo de la extraordinaria cantera de profesionales que nos continúan regalando, con su cariño y saber, un repertorio de marchas procesionales, dibujadas para engrandecer al conjunto de nuestros desfiles.

Música, en definitiva, de tanta personalidad, que una sola de ellas se ha consolidado como el himno por excelencia de nuestra Semana Santa: ya la hemos disfrutado hace un rato … nuestro «San Juan», del maestro Nicolás Cabañas, nada menos que una composición casi centenaria –del año 1927–, y capaz de remover lo más íntimo de nuestra pasión nazarena. De justicia también es homenajearlo hoy aquí, en este año 2023, que se cumplen los 75 de su triste fallecimiento.

Nuestros cortejos también tienen ese carácter *monumental*, tanto en su acepción relativa a monumento y objeto de valor histórico, como a su significado relativo a la grandeza de proporciones.

Sí, se hace ya evidente que voy a referirme a esos monumentales conjuntos escultóricos que hacen crecer la ciudad en pleno Viernes Santo; que cada uno por sí, pero todos en su conjunto percibidos, configuran una estampa inequívoca de que aquí hacemos las cosas pensando en el conjunto de un beneficio mayor: el desfile del mediodía, de la luz y del color, Viernes Santo «En el Calvario».

La ciudad entregada a ese espectáculo que supone nuestra Exaltación, Santísimo Cristo del Perdón en alzamiento expiatorio por la Redención del Ser Humano, conjunto que solo encuentra su reflejo unos pocos pasos tras él, con el Santísimo Cristo de la Salud, nuestro portentoso Descendimiento: elegancia que alcanza hasta al hábito, enlutado como el mismo sentimiento de todos los nazarenos ante la muerte encarnecida de Dios.

Si el hábito blanco con cruz negra de remates acorazonados de la noche del Silencio, impone por su contraste en la oscuridad iluminada por las tulipas y farolas de la ciudad, es en este momento cuando el hábito negro y el escudo blanco sobre el pecho convierten el día en tinieblas, dolor y pesar; como el mismo cuerpo sostenido en vilo por José de Arimatea y Nicodemo, todos testigos mudos junto a María, San Juan y Magdalena, a los pies de la cruz, atentos en cada paso que avanzan, recreándonos en cada uno de los ángulos de la espectacular composición de este conjunto, obra maestra de entre las salidas de la destreza de nuestro maestro del *Alma de Castilla*.

«El Alma de Castilla… es el silencio. Cuenca»

Entre medias de este «paréntesis» monumental, ese recreo para los sentidos que es nuestra Lanzada, que atrapa la atención de pequeños y no tan niños, con ese imponente corcel blanco sobre el que Longinos atraviesa el costado de Cristo en la cruz, origen de nuestra Iglesia; rodeado de los personajes bíblicos según el esquema que Leonardo Martínez Bueno repitiera siguiendo los deseos de esta hermandad, conforme al recuerdo del desaparecido paso anterior a la Guerra Civil, y logrando un grupo que reluce junto al titular de esta histórica cofradía, imponente e impactante: obra singular en el repertorio del maestro de Pajaroncillo.

Aunque si me piden que elija un paso característico del estilo de Leonardo, y del que él se sentiría especialmente conforme, sin dudarlo invocaré nuestra Verónica del Jueves Santo, conjunto rotundo y solemne que responde a una de las más importantes escuelas escultóricas e imagineras de la segunda mitad del siglo xx, y sin dudas, la que más refleja el estilo y el arte de su autor, honesto y sincero como el mismo sentir nazareno conquense con sus sentimientos y alma cofrade. Verónica que vuelve su rostro al espectador mostrando ese «vero icono» de un Nazareno que tras sí, cae bajo el peso de la cruz, auxiliado por el Cirineo, en lo que conforma, y se confirma, como un hito de singular expresividad artística de nuestros conjuntos procesionales, en natural diálogo con el Nazareno de Capuz, que la sigue unos pasos por detrás.

Debo citar otro monumento más, si no en tamaño físico, sí por relevancia histórica: es la Vera Cruz de Cuenca un monumento a la Historia, a la Religiosidad y a la Tradición. Hermandad que lleva las Sagradas Escrituras a la calle, que medita con el nazareno en público sobre las palabras del mensaje evangélico, que proclama a cada paso nuestra fe con las oraciones musicales que su acompañamiento coral entona, *a capella,* a la luz de los hachones, y tras el seco golpe del ronco tambor; campana tañida que nos apela a atender callada y recogidamente el desfile que nos acerca a esa devocional talla barroca de Cristo crucificado, en diálogo de súplica y de dolor abierto, heredera de tantas hermandades y tantas ricas tradiciones de la Vera Cruz como pueblan nuestra amplia geografía.

Y dando en el corazón de nuestros desfiles, ¡cómo no!, nuestros pasos de palio: hermanadas en la advocación y en su tradición histórica, nuestras Soledades.

A una la removieron de su ermita de San Roque para que desde la orilla del río Júcar, junto a la Patrona de la ciudad, reinase en la noche del Jueves Santo. La otra, encontró refugio entre los muros de la histórica parroquia del

Salvador tras cerrar las puertas su cabildo Tolentino en el convento de San Agustín, para buscar los pasos en la madrugada de quien Camino del Calvario se enfrenta a la turba conquense en ese estallar de tambores roncos y clarines artesanales, fragor que atraviesa la noche y rasga el cielo con el despertar del alba, en un cortejo sin igual.

Vibrante y característico toque de palillos, que como ningún otro, se funde con el nazareno conquense por donde quiera que éste se encuentre… porque es inevitable acompañarnos con las manos y tocar sobre cualquier superficie, solos o a dúo con el hermano, en la noche de turbas… resonar ancestral que se extingue súbitamente con la sola presencia —en Soledad— de la Madre de Dios.

Soledad de San Agustín y Soledad del Puente, Coullaut-Valera y Marco Pérez, maravillosos mantos bordados por la misma mano y con el mismo genio creativo: uno en *enlutecido* negro, el otro de un azul nocturno como el de la noche que la guarda y la cobija.

Ambas imágenes, que tantas cosas comparten, son sin embargo, pasos luego característicamente singulares y extraordinarios; porque el mismo estilo de la talla escultórica las encarna en su personal belleza, y porque —como no podía ser de otra manera— cada hermandad las dignifica siendo fieles a su trayectoria pasional.

La exuberancia de los adornos florales, de la candelería que las ilumina; la elegancia contrapuesta de los preciosos varales que sustentan los palios, también propios de su idiosincrasia, entendida una desde la sencillez y sobriedad neogotizante, y la otra en el más puro estilo del orfebre

Seco Velasco, quien también diseñara la corona imperial que adorna la cabeza de la Madre de Dios.

Con las imágenes de ambas Soledades en la retina, no puedo dejar de pensar qué inmensamente afortunados somos los conquenses, por tener la oportunidad de poder disfrutar de esta riqueza patrimonial y conceptual, en nuestros desfiles procesionales.

Aunque en puridad, si hablamos de iconografía cristiana, la Soledad de María ante la cruz desnuda, la ostenta en nombre propio nuestro paso homónimo del cortejo del Santo Entierro; y de nuevo otro modelo aquí de cómo concebir un paso en la calle: cómo vestir una talla, cómo adornarla de flores y luces, y cómo desfilar bajo ese palio sin varales que es la estrellada bóveda nocturna. Luto riguroso, Madre ya con el dolor certero de la muerte del Hijo, Intercesora de nuestras propias inquietudes, Mediadora en su infinita Soledad.

Será el Domingo de Resurrección cuando con las primeras luces del Tercer Día, Nuestra Señora del Amparo se encontrará con quien ha triunfado sobre la muerte y ha resucitado, cumpliendo la promesa de Vida Eterna. Virgen del Amparo que cambiará su manto negro por otro verde; que consigue incluso que su gesto y expresión parezcan igualmente «transformar» su ánimo y espíritu, con la visión y el abrazo simbólico con el Hijo amado. Alegría desbordada en la mañana de la Resurrección.

Estamos ante el cierre del ciclo, del Círculo, esa figura de perfección que simboliza la Eternidad del Señor y de su mensaje universal.

La ciudad se quedará callada y expectante, cargada también de símbolos como lo está esa Cruz Desnuda de Jerusalén, emblema por excelencia del cristiano, con los instrumentos de la Pasión de Cristo ya prefigurados en los sagrados textos veterotestamentales. Monte de la Calavera que nos acredita el mensaje Redentor, de

victoria sobre el Pecado Original,

donde solo nos queda ya, mecido por el aire, el inmaculado paño que pende del patíbulo del Nuevo Adán, y el hermoso homenaje de sus hermanos, que rememoran con su espíritu y en su hábito, los orígenes de la sencillez franciscana de la que hacen gala.

En Cuenca, además, esta celebración se vive y se prepara, al menos, con cuarenta días de antelación, si no son más… ¡Casi desde el día de san Antón!

Las hermandades se van preparando de objetivos y actividades que preludian el reverberar del hueco repiqueteo de las tulipas de madera contra el suelo, de las horquillas chascando al unísono y prendiendo mecha en nuestros agitados recuerdos, anhelantes por reavivar pronto y un año más, nuestra Semana Grande: conciertos de marchas procesionales, charlas, reuniones, exposiciones, publicaciones, funciones religiosas, Miércoles de Ceniza, Vía Crucis de nuestro Amarrado por su querido barrio hospitalario…

Y ya nos parece estar escuchando también los lejanos clarines y tambores en sus ensayos, que navegan hasta Cuenca en volandas desde el tesón y cariño de nuestra Banda de Cornetas y Tambores: trabajo tenaz y constante que enaltece año tras año a esta ciudad, avivando con sus vigorosos sonidos los desfiles de nuestras procesiones, en un ejemplo de pundonor y compromiso con esta Junta de Cofradías que le da título, y que lleva el nombre de Cuenca y su Semana Santa por encima de todo: es su música, son sus sones, como un latir del sentir intenso de esta Semana de Pasión, marcando el paso y anunciando desde la lejanía, que esta ciudad está abierta para recibir y acoger a todo aquel —a toda aquella— que quiera disfrutar entre los conquenses, de este torrente de vivencias extraordinarias que, en unas horas, invadirá la ciudad.

Hasta aquí he expuesto algunas de las cosas que, para mí, supone la Semana Santa de Cuenca; pero esta manifestación, me atrevo a decir, es mucho más.

Porque su riqueza también se incardina, y se conforma como en pocas ocasiones, en las vivencias y aportaciones de todos y cada uno de nosotros. Podría decirse que *hay tantas semanas santas como personas la viven y la sienten*, haciendo de esta celebración un paradigma de amalgamamiento, donde se acrisolan inquietudes tan variadas y ricas como lo es nuestra misma Sociedad, donde

TODAS ESTAS

SENSIBILIDADES

TIENEN JUSTA CABIDA,

con personas que vierten aquí sus sentimientos cristianos y sus habilidades personales, y viven —vivimos— la Semana Santa en plenitud y afirmación de nuestra fe, en el mensaje inequívoco de Salvación Universal; incluidos aquellos que, quizás agobiados con la proliferación de actos y actividades durante estos días, acomodan su vivir diario a un sentir que, sin serle ajeno, no será compartido, y sí vivido desde otra perspectiva: siempre desde el respeto y la consideración apropiadas.

Al final, la Semana Santa es, también, todo el tiempo de espera hasta la celebración de la próxima, deseando hacer bueno el aforismo periodístico al concluir la celebración:

La mejor noticia es que no hay noticia.

Porque habrá transcurrido una Semana Santa, la de este año 2023, en la que me habré encontrado de frente con los ojos de Nuestro Padre Jesús Camino del Calvario; y un año más habré llorado al reconocerme en su humana mirada de dolor y de piedad, de comprensión y de cariño, de amor y de perdón: de Padre a hijo. Y sus banceros habrán cumplido con su hermosa ilusión de la madrugada conquense quitándole horas al sueño, y sumándose quintales de orgullo nazareno: morada túnica, aterciopelado capuz y pletórica felicidad por unir sus pasos a los de Nuestro Padre, un año más, en esta Cuenca impertérrita.

Mientras, seguiremos soñando, y pidiéndole a María Santísima que una vez más, prenda nuestras oraciones cosidas en cada uno de los delicados pliegues del encaje de su mullido pecho: manos extendidas señalándonos la dirección a seguir, rostro sereno y mirada al frente, de Esperanza y de Perdón; blanca como la pureza de su espíritu, verde sublime entre bordados de oro y sedas multicolores.

Con Ella esperaremos al día de mañana, ese futuro que nos aguarda, y la **promesa de Esperanza en la Vida Eterna**: recordaremos a todos nuestros nazarenos, familiares y amigos que se han reunido ya en la Gloria de Dios, y nos pondremos en esas manos misericordiosas de María Santísima de la Esperanza, aún con lágrimas en el corazón… y resonará la oración:

> *Oh, madre mía*
> *Que estás en el cielo*
> *Envía consuelo*
> *A mi corazón*
>
> *Y cuando triste*
> *Llorando te llame*
> *Tu mano derrame*
> *Feliz Bendición (…)*

La Semana Santa de Cuenca es, son, desde luego, emociones, recuerdos, vivencias y sentimientos encajados en lo más íntimo de nuestro ser; ese algo inexplicable que en un momento determinado ha quedado sellado en tu alma, en tu retina y en tu *yo* más íntimo, que nos hace seguir en cada gesto a la imagen de nuestra devoción; que cuando te prende, te agarra por las entrañas y te traspasa el corazón sin poder ni siquiera hallar palabras para expresarlo... En ese momento es el abrazo del hermano, la mano que aprietas buscando su calor, la respiración que se te antoja insuficiente dentro del pecho... y al final, esa sonrisa que nace de los recuerdos, de la infancia, de los brazos de tu padre, de su voz mirándote en la noche y enseñándote para que no nos perdamos detalle...

De la madre que con orgullo comprueba cómo se te ha quedado pequeña la túnica, y te besa para decirte qué bien te sienta el blanco con el terciopelo verde del capuz, y a la mañana siguiente te pregunta, aseverando: «¡Qué guapa estaba la Virgen! ¿Verdad?».

¡Verdad!

Verdad que la Semana Santa de Cuenca es Historia, es Iglesia, es Arte, es Cultura, es Tradición, y son sentimientos y emociones.

Pero sobre todo, la Semana Santa de Cuenca es la nuestra, y nazarenos y nazarenas de Cuenca, señoras y señores, para mí, es la mejor, porque es la que me ha hecho como soy.

Y por todo esto, y por vuestra atención ¡Muchas gracias!

He dicho.

SEMANA
SANTA

CVENCA

declarada de interes turistico internacional

Este pregón se terminó de imprimir el día 21 de enero de
2024, festividad de Santa Inés, justo un año
más tarde de que su autor lo concluyera
de escribir en esa misma fecha del
año 2023, para poder ser
pronunciado el día
31 de marzo
de ese año,
Viernes
de

Dolores,
en el Teatro Auditorio
"José Luis Perales" de Cuenca,
ante la mejor audiencia imaginable.
LAUS DEO VIRGINIQUE MATRI SPES NOSTRA